HENRI LEGAY

LES MÉMOIRES
D'UNE
PENDULE
PRISONNIÈRE DE GUERRE
EN 1870-1871

PARIS
E. LACHAUD, ÉDITEUR
4, PLACE DU THÉATRE-FRANÇAIS, 4

1872

LES MÉMOIRES
D'UNE PENDULE

HENRI LEGAY

LES MÉMOIRES

D'UNE

PENDULE

PRISONNIÈRE DE GUERRE

EN 1870-1871

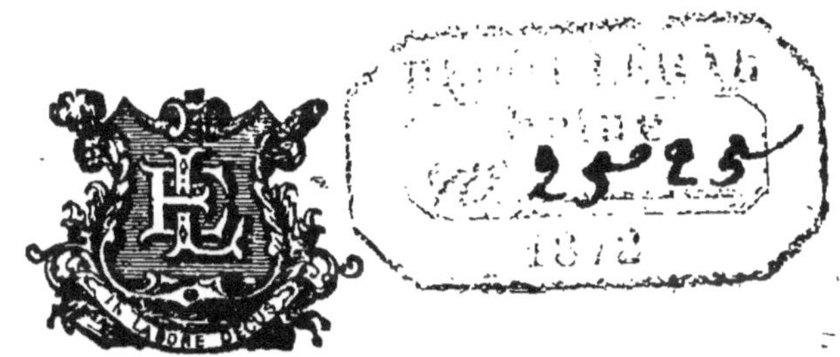

PARIS
F. LACHAUD, ÉDITEUR
4, PLACE DU THÉATRE-FRANÇAIS, 4

1872

DÉDICACE

C'est pour vous, mes sœurs de France, pour vous, plus heureuses que moi, que j'ai écrit le récit de mes infortunes. Des bords du Rhin, où je suis captive, je vous dédie ces Mémoires, auxquels je joins ce souhait : Dieu vous garde des Prussiens et de la Prusse !

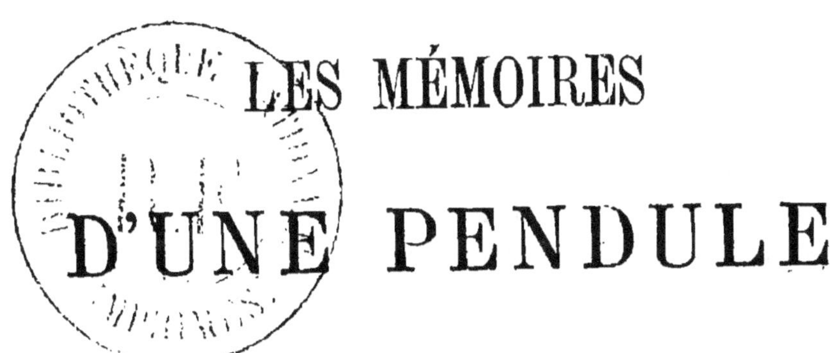

LES MÉMOIRES D'UNE PENDULE

I

OU LA PENDULE ASSISTE A UN SPECTACLE TRÈS-PEU EXTRAORDINAIRE EN 1870 - 71.

Avant l'invasion, j'étais une pendule à sujet, petite, très-petite, pour mon malheur. Sur la cheminée, dans la chambre à coucher de ma jolie jeune maîtresse, à Rambervillers, je ne tenais pas plus de. place que le cadre doré à support renfermant, sous verre, la photographie d'un bel officier de chasseurs.

Je n'en étais pas plus laide ni moins bonne pour cela. Dans la maison, quand on parlait de moi, c'était toujours « ce bijou de petite pendule. »

S'il y avait moins d'amertume dans le souvenir du passé, je m'étendrais peut-être avec complaisance sur le talent de l'artiste qui m'avait ciselée, sur le fini de mes pièces, sur la pose gracieuse de l'Amour au-dessus de mon cadran en émail.

Mais je souffre trop de me voir bossuée, mutilée, détraquée, et puis, en parlant de mes avantages avant d'être un des nombreux débris de la grande guerre, ne serais-je pas un peu ridicule ? A quoi bon vouloir démontrer qu'on a eu jadis tous les charmes imaginables, quand on n'en possède plus aucun ? Je passe donc mes qualités sous silence pour en arriver plus vite à mes malheurs.

Ce fut le 9 octobre 1870, un dimanche, que commencèrent mes infortunes.

Il y avait dans l'air, ce jour-là, comme un courant de mauvais augure. Il pleuvait, ce qui avait assombri dès le matin la jolie chambrette où j'étais; et Juliette, ma jeune maîtresse, s'était levée inquiète, triste jusqu'à oublier de changer l'eau des vases de fleurs de chaque côté du portrait du bel officier.

Le soin de sa toilette ne la préoccupait pas non plus comme d'habitude. Elle s'habillait sans interroger la glace derrière moi; pas un seul coup d'œil coquet dans le miroir. Quand elle fut prête, je m'attendais à une caresse au portrait de son fiancé ; non, elle sortait; elle allait à la messe. Qu'avait-elle donc à bouder ainsi l'officier de chasseurs?

Dans l'après-midi j'avais l'explication du mystère. Les amies de Juliette étaient venues comme à l'ordinaire lui tenir compagnie dans sa chambre. En entrant, aucune n'avait pensé à embrasser mon Amour, leur « cher mignon, » qu'elles n'oubliaient jamais. Elles ne babillaient guère non plus; elles semblaient toutes sous le coup de quelque grand malheur. Enfin, après bien des chuchotements, l'une d'elles, Lucile, la plus belle après ma maîtresse, s'écrie d'un ton résolu :

—Moi, je suis bien décidée ; s'ils entrent ici, ce soir, je mets un couteau dans ma poche, et malheur au Prussien qui me toucherait.

— Moi — fit la plus jeune — j'aurai trop peur ; je resterai cachée tant qu'ils seront ici.

— Moi — ajouta Juliette — je m'enfermerai dans ma chambre, et s'ils y pénètrent, je sauterai par la fenêtre.

La vaillante enfant ! Quelques heures plus tard elle faillit sauter par la fenêtre comme elle l'avait dit. Je me souviens de cette scène aussi bien que si elle s'était passée hier. J'ai eu de bonnes raisons pour ne pas l'oublier.

Ma grande aiguille marquait huit heures vingt-cinq minutes. Au dehors la pluie continuait ; la fusillade avait cessé, et les Prussiens envahissaient la ville.

Dans la chambre, Juliette allait et venait, très-agitée, prêtant l'oreille à tous les bruits ; son père, qui avait combattu, n'était pas encore rentré. De temps en temps la vieille servante de la maison venait lui parler, jeter un coup d'œil dans la rue, à travers les volets fermés, et redescendait ensuite dans sa cuisine au rez-de-chaussée.

Des pas cadencés ont retenti devant la maison ; des voix se font entendre au-dessous de la fenêtre ; ma maîtresse a pâli et s'est arrêtée dans sa marche. On frappe à la porte à coups de crosses de fusil.

— Qui est-là ? — crie la servante.

—Prussiens, répond une voix pleine d'autorité.

La servante tire le verrou ; les Prussiens entrent.

— Il y a de la lumière là-haut — reprend la voix qui

avait déjà parlé — conduisez-nous; nous voulons visiter la maison.

Les marches de l'escalier en bois crient sous les pas de ceux qui montent.

Juliette se précipite vers la fenêtre, l'ouvre toute grande et repousse les volets. Elle revient ensuite se jeter dans un fauteuil. Les yeux fixés sur le portrait en face d'elle, les lèvres frémissantes et la pâleur au front, elle attend que la porte s'ouvre.

Un grand officier blond a paru sur le seuil avec des soldats derrière lui. Il regarde ma maîtresse en frisant sa moustache de la main droite.

— Bonsoir, mademoiselle, dit-il, d'un air familier. Nous cherchons les gardes nationaux qui ont fait le coup de feu contre nous ; voulez-vous permettre ?...

Sur un geste de lui, les soldats ont reculé sur le palier, il entre seul dans la chambre.

— Très-jolie cette chambrette de pensionnaire ! fait-il en promenant son regard partout. J'ai bien envie de venir m'installer dans la maison pendant notre séjour. Je ne suis pas difficile à vivre, nous ferons bon ménage. Je n'ai pas vu vos parents ; seriez-vous seule ici, mademoiselle ?

Ma maîtrese ne répondait pas. Sous le regard inquisiteur de l'officier, elle s'était levée et demeurait immobile, froide comme un marbre.

— Allons, ne faites pas la méchante ; un baiser, un seul, et je vous laisse tranquille.

Il s'était rapproché pour passer le bras autour de la taille de Juliette.

— Je vous défends de me toucher, s'écrie-t-elle en lui échappant de manière à gagner la fenêtre.

— Ah ! c'est comme cela que vous me récompensez,

s'écrie l'officier furieux d'avoir failli perdre l'équilibre et d'être resté les bras tendus, la bouche en cœur ! Holà ! mes hommes ; pillez-moi cette chambre.

Les soldats sont accourus à l'ordre de leur chef ; ils se mettent en devoir de lui obéir, en arrachant les rideaux de mousseline du petit lit blanc et bleu.

L'un d'eux m'aperçoit, m'examine et s'écrie aussitôt, moitié en français, moitié en allemand :

— Eh! eh! une pendule ! *Mein gott,* quelle chance ! *Hübsch ! Sehr hübsch !*

Sa lourde main s'abat sur moi, sans plus de cérémonie, et me sépare de mon socle bordé de velours rouge.

L'officier s'occupait à peine de ses soldats. Il avait sur le cœur le refus de ma maîtresse et la regardait de côté avec des yeux de chat guignant une jatte de lait. Il lui tardait évidemment que le pillage fût terminé.

— Plus rien à prendre ici, herr lieutenant, — lui dit presque aussitôt un des hommes — faut-il briser ce qui reste ?

— Non, retirez-vous.

Le soldat qui s'était emparé de moi avait été le dernier à regagner le palier. Par la porte ouverte, j'entendais l'officier dire à Juliette :

— Vous n'avez pas voulu m'embrasser de gré ; vous m'embrasserez de force.

— Je serai morte avant — répliqua-t-elle d'une voix vibrante.

Au même instant, la vieille servante glissait entre les soldats et apparaissait dans la chambre. Ma jeune maîtresse s'était élancée vers la fenêtre. Arrêtée par l'officier avant qu'elle y fût arrivée, elle se débattait pour lui échapper.

— Monsieur l'officier ! monsieur l'officier ! s'écria la pauvre vieille, ayez pitié de cette enfant ; je vous en supplie. Qu'est-ce que cela peut faire à un beau garçon comme vous, un baiser de plus ou de moins ?

— Vous avez raison, ma bonne femme, fit le lieutenant avec un gros rire ; j'aurai l'occasion de me rattraper ailleurs.

Il avait rendu la liberté à Juliette, qui tremblait de tous ses membres.

— Sans rancune de ma part, mademoiselle, cria-t-il à ma maîtresse en adressant à la servante un regard de condescendance.

En trois enjambées il se trouvait sur le palier où l'attendaient ses soldats chargés de leur butin.

— En route, mes lurons ! leur dit-il d'un ton jovial. Nous n'avons plus rien à faire dans cette maison.

La petite troupe descendit l'escalier. C'en était fait, j'étais prisonnière.

La longue odyssée de mes misères allait commencer.

II

LE PREMIER MAITRE ET LES PREMIÈRES DOULEURS. LA REVUE DU GÉNÉRAL WERDER ET CE QUI S'EN SUIT.

Mes premières heures de captivité ont été bien pénibles, plus pénibles que je ne saurais dire. Je n'étais pas encore endurcie, comme aujourd'hui, contre les épreuves que j'avais à subir. Je m'étais vue si choyée, si gâtée depuis le jour où j'avais fourni mon premier tour de cadran !

Mon ravisseur appartenait au 34ᵉ poméranien, l'un des deux bataillons prussiens qui s'étaient emparés de Rambervillers.

C'était un grand et robuste gaillard, nommé Hans, carré des épaules, solide sur ses jambes, à figure inintelligente et marquée de taches de rousseur ; son nez épaté, à larges narines, regardait le ciel.

Les habitudes de propreté ne devaient pas lui être familières ; j'eus bientôt constaté qu'il exhalait une odeur un peu moins qu'agréable à une petite maîtresse comme moi. J'en augurai que, n'étant pas délicat, soigneux de sa personne, il me traiterait sans doute avec un sans-façon cruel. Je ne me trompais pas.

En sortant de la maison, la petite troupe s'était acheminée vers le bivouac du bataillon, à l'entrée de la ville, du côté de Saint-Dié. Sous chaque réverbère, Hans, qui me portait par la tête de mon Amour, m'élevait à la hauteur de ses yeux et m'examinait un instant, sans songer à me garantir de la pluie.

A notre arrivée dans le faubourg, j'étais mouillée, percée jusqu'au plus profond de mes rouages.

On fit place aux nouveaux venus autour du grand feu du bivouac. Après s'être assis sur un banc, mon ravisseur me plantait devant lui sur la terre détrempée.

— Qu'apportes-tu là, Hans le vilain? lui demanda un de ses camarades.

— Une petite pendule, jolie, jolie.

— Voyons ! s'écrièrent aussitôt tous les Prussiens de la bande.

Ils avaient fait cercle autour de moi ; ils me prenaient, ils me maniaient, ils me secouaient les uns après les autres, chacun laissant sur mon cadran une partie de la crasse qu'il avait aux doigts.

En ce moment je bénissais presque la pluie qui laverait tout cela. Mon Amour, un chef-d'œuvre, ne les intéressait nullement ; le cercle de mon cadran, une merveille de ciselure, n'attirait pas même leur attention. La seule chose en moi qui les préoccupait, c'était de savoir si je carillonnais.

Ils me faisaient la honte, à moi la pendule élégante, de me comparer à un coucou de la Forêt-Noire.

— Hans, as-tu entendu jouer *ta* pendule? dit le dernier qui m'avait secouée.

— Pas encore ; mais il sera bientôt dix heures, nous allons voir si elle carillonne.

J'avais été replacée dans la boue, tournant le dos au feu. Trois quarts d'heure durant, tous les soldats assis devant le brasier, la pipe ou le cigare aux lèvres, me contemplèrent en silence, attendant ma sonnerie.

. Malgré les secousses reçues, j'avais continué à fournir ma carrière. En même temps que l'horloge de la ville, mon petit marteau fit : *bing* sur son timbre, et je sonnai dix coups.

— Hans, tu n'as pas fait grande trouvaille, s'écrièrent les Prussiens, voyant que je n'accompagnais pas mon heure d'une musique quelconque ; ta pendule est toute petite et ne carillonne pas.

Mon maître paraissait contrarié du mépris que j'inspirais à ses camarades. Il me saisit brutalement et s'allongea sur le sol dans sa couverture, en me renversant dans la boue, à hauteur de sa tête.

Vers minuit, la pluie avait cessé ; le vent froid d'automne se levait. Il me semblait que le jour ne reviendrait jamais, tant je trouvais la nuit longue à entendre ronfler mon ravisseur.

Depuis ma sortie du grand atelier de Paris où j'avais été fabriquée, jamais je n'avais tant songé que pendant ces terribles heures.

Comme je regrettais cette chambrette, là-bas, à quelques centaines de mètres de moi, où j'avais coutume d'écouter dormir ma jolie maîtresse, de surprendre le secret de ses rêves de jeune fille ! Ah ! le poëte italien l'a bien dit : Il n'y a pas de douleur plus grande que de se souvenir, étant malheureux, du bonheur d'autrefois. Enfin le jour parut. Réveillé par ses camarades, Hans s'était mis sur son séant et me regardait d'un air hébété. Je le trouvais bien plus laid que la veille. Sa manière de faire ses ablutions mérite d'être consignée ici.

Une fois sur pied, il avait étiré ses longs bras et s'était dirigé vers une fontaine à quelques pas, où il avait trempé dans l'eau l'index de la main droite. Il s'était ensuite frotté le rond des yeux avec la première phalange du doigt mouillé, et il était revenu vers moi, se secouant comme un barbet qui sort de l'eau.

— Hans, je croyais que tu laissais là la pendule ? — lui cria un camarade.

Hans ne répondit que par un grognement. Il m'avait enlevée de terre, un peu essuyée avec la manche de son habit bleu et enfouie dans sa musette.

Quel hideux capharnaüm que ce sac en toile devenu ma prison ! Il contenait de tout un peu. Mon cadran s'appuyait d'un côté sur des bouts de cigares, de la saucisse, un quartier de chou ; de l'autre sur du cirage, du pain blanc, un rouleau de dentelles. Lorsque mon maître marchait, ce méli-mélo ballottait sur sa hanche droite et me suffoquait. Les bouts de cigares se logeaient dans les feuilles du chou, la saucisse dans les dentelles et le cirage s'étendait en tartine sur le pain.

A onze heures, Hans eut besoin de graisse pour faire la toilette de son fusil et de ses bottes, en l'honneur du général Werder qui devait arriver, disait-on. Il avait beau fouiller, fouiller dans son sac-magasin, la graisse ne tombait jamais sous sa main. Il se décida à vider sa musette, et je revis la lumière.

Il était revenu, semblait-il, de sa mauvaise humeur contre moi. Après qu'il eut soigné son fusil, ses bottes, il me nettoya de toute ma boue avec son chiffon le moins sale. En m'appropriant, il marmottait entre ses dents des mots d'amitié à mon adresse. Je ne comprenais pas très-bien, quoique l'allemand me fût assez familier (l'officier de chasseurs qui m'avait donnée en cadeau à sa fiancée était Alsacien et m'avait gardée plus de trois mois avec lui); je démêlais cependant que Hans me destinait à quelque Gretchen de son pays.

A deux heures, le général Werder arrivait. Son entrée dans Rambervillers fut suivie d'une revue, après laquelle je me vis insultée, maltraitée comme jamais pendule aristocratique ne l'a été. Je n'ai eu que plus tard, par mon second maître, mes renseignements sur cette revue.

Le général en chef avait réuni ses généraux de division et leur avait dit :

« Le roi de Prusse, notre auguste maître, fait savoir au 14e corps d'armée qu'il est très-satisfait de la bravoure déployée par lui dans les Vosges. Sa Majesté regrette seulement que le 14e corps n'ait encore envoyé à Berlin, dans le grand magasin central de l'horlogerie conquise, que *trois* douzaines de pendules françaises. Elle espère qu'en ce qui concerne ce service particulier, les troupes du 14e corps ne se laisseront plus, à l'avenir, distancer par les autres troupes de l'Allemagne. J'ai dit, messieurs; tenez-vous pour avertis. »

Les généraux de division ne pouvaient garder pour eux seuls cette rebuffade de Werder. Ils mandèrent les généraux de brigade :

« Messieurs, leur dirent-ils, il paraît que nos brigades n'ont encore expédié que *deux* douzaines de pendules au magasin central de Berlin, installé par les soins de Sa Gracieuse Majesté la reine de Prusse. Notre général en chef est furieux et nous aussi. Vous voudrez bien, dorénavant, veiller particulièrement à l'observation stricte de nos injonctions, relativement à l'horlogerie. »

La tête basse, les généraux de brigade s'en furent aux colonels, leur disant :

« Messieurs, des négligences de ce genre ne sauraient exister longtemps dans des régiments qui se respectent. Malgré nos ordres réitérés, les généraux de division déclarent que jusqu'à ce jour, le 14e corps d'armée n'a pas conquis, pour Berlin, plus d'*une* douzaine de pendules. Nous ne vous cacherons pas notre mécontentement. Il faut que cela cesse. A bon entendeur, salut. »

Les colonels fondent à leur tour sur les chefs de bataillon :

« Messieurs, s'écrient-ils, avec le rouge de la colère au front, est-ce ainsi que vous tenez compte de nos efforts pour le bien du service ? Nos généraux de brigade trouvent que les bataillons que vous commandez n'ont pas expédié, à eux tous, plus de *six* pendules vers l'Allemagne. C'est une honte pour les régiments du 14e corps. Nous vous prévenons que cette honte doit être lavée dans le plus bref délai ; sinon, nous nous verrons forcés de sévir. »

Les chefs de bataillon, indignés de la mercuriale, assemblent les capitaines :

« Eh bien ! messieurs, il se passe de singulières choses dans vos compagnies. Comment ! pas encore la *moindre* pendule récoltée pour Berlin dans tout le 14e corps, alors que les autres corps en ont déjà fourni des centaines. Trêve d'indiscipline. Nous savons nous souvenir, quand il le faut, que le règlement nous confère le droit de punir. »

Les capitaines, tremblant de rage contenue, font former le cercle à leurs compagnies :

« Officiers, sous-officiers et fusiliers, rugissent-ils, notre commandement paternel vient de nous attirer des reproches que nous n'aurons garde d'oublier. A l'avenir ne comptez plus sur de l'indulgence. Vous trouverez des pendules pour Berlin, ou nous vous en ferons trouver. Nous biffons sur nos carnets tous les noms des hommes devant être portés pour des récompenses comme s'étant signalés contre l'ennemi. De notre plein gré, nul n'aura l'espoir de la croix de fer s'il ne remet entre nos mains au moins deux pendules françaises. Sur le centre, alignement! »

Le cercle rompu, Hans, premier homme de droite de sa compagnie, dit à son capitaine dont il touchait le coude :

— J'ai *trouvé* hier une pendule, *Herr Hauptman.*

— Où est-elle? répond l'officier vivement.

— Là, dans ma musette.

— Voyons.

Mon ravisseur me retire de ma prison et me tend à son capitaine.

— Ça, une pendule! s'écrie ce dernier me tenant à longueur de bras et me regardant avec un dédain écrasant. C'est à peine aussi gros qu'un réveille-matin. Fusilier Hans, je vous inflige huit jours d'avant-poste pour *avoir fait une fausse joie* à votre capitaine. Quant à ceci (me désignant, moi), je l'écraserais à mes pieds, si *je ne respectais la propriété d'autrui.*

Hans m'avait repris des mains de son capitaine, mais au lieu de me remettre dans sa musette, il me jetait dans les jambes d'un sous-officier placé en arrière de lui.

La compagnie rompait ; le sous-officier me ramasse et m'emporte avec lui, en disant à Hans :

— Fusilier, vous déshonorez l'uniforme ; un soldat prussien, sur le territoire ennemi, doit ramasser toujours, ne jeter jamais.

III

LA PENDULE MONTE EN GRADE. LES FACÉTIES DU SOUS-OFFICIER KARL. AVENTURES DE NUIT.

A la manière dont mon nouveau maître m'avait examinée, j'avais compris que je ne perdais pas au change. Je supposais qu'il devait être connaisseur. Il rendrait donc justice à mes mérites beaucoup mieux que Hans; en outre il avait la main moins rude, sinon tout à fait propre. En rentrant au logis qu'il occupait tout près de mon ancienne demeure, il me montra à son compagnon ; puis allongeant ses bottes boueuses sur un canapé bleu :

— Elle n'est pas grande, lui dit-il, mais je n'en avais pas encore vu d'aussi commode pour moi. En attendant que je me procure quelque belle montre, elle m'en tiendra lieu.

— Ton gousset sera trop petit, Karl.

— Je m'en ferai un plus grand.

Le même soir, à la lumière, je recevais un nettoyage complet à l'extérieur, et je devenais polie, luisante comme par le passé. La chute que Hans m'avait fait faire ayant arrêté ma marche, Karl me porta chez un horloger de la ville qui avait vendu une montre à Juliette.

L'horloger avait jugé prudent de faire disparaître tout ce qu'il y avait de précieux dans sa boutique. Il accourut au-devant de mon maître en homme qui sait son avoir à l'abri.

— Qu'y a-t-il pour votre service, mein herr? fit-il sans trop d'humilité.

— Cette pendule a quelque chose de dérangé, — lui dit Karl. — Voyez ce qu'il y a à faire.

— La nuit, c'est difficile; si nous attendions à demain matin? Vous ne repartez pas tout de suite?

— Non, mais je tiens à ce que ma pendule soit réparée ce soir. Mettez-vous à l'œuvre, j'attends.

L'horloger se mit en devoir de me démonter, pendant que mon maître allumait un cigare.

— Qu'est-ce que cela vaut donc en France une petite pendule comme celle-là? — demanda Karl qui regardait mon intérieur avec beaucoup d'attention. — Le tour du cadran est en or, je vous ferai remarquer.

— Je vois, je vois; de cent à deux cents francs. Voudriez-vous la vendre? fit l'horloger.

— Cela dépend du prix offert.

— Cinquante francs.

— Vous avez dit qu'elle en valait deux cents.

— Pour celui qui achète chez le marchand c'est le prix, mais ces objets perdent beaucoup quand l'acheteur veut s'en défaire.

— Ah! bien; je comprends la différence, fit Karl avec un sourire.

Le travail terminé, l'horloger avant de me rendre à mon maître, lui dit :

— Je vous achète votre pendule à soixante francs ; c'est tout ce que je puis faire.

— Payez, je vous la laisse.

Karl reçoit les soixante francs et sort.

Une demi-heure après, alors que je me réjouissais déjà d'avoir reconquis ma liberté, le sous-officier reparut avec quelques soldats.

— Eh bien ! demanda-t-il, *ma* pendule est-elle prête ?

— Votre pendule ! répète l'horloger stupéfait.

— Oui, la pendule que voici, que je vous ai apportée à réparer.

— Mais je vous l'ai achetée.

— Vous l'avez estimée deux cents francs, et vous m'en avez donné soixante, en garantie de dépôt. Ajoutez la différence et elle vous appartient.

— Je n'ajoute rien du tout, — fait l'horloger de mauvaise humeur ; — reprenez-la et rendez-moi mon argent.

Karl reprit la pendule. Quant à rendre les soixante francs, c'eût été déshonorer l'uniforme, comme il avait dit à Hans. Il *emprunta* même à l'horloger pris au piége une clef pour me remonter.

Dès le lendemain, mon maître me faisait le gousset promis. Il me taillait une place dans la doublure de sa tunique, au-dessus du creux de l'estomac.

Il avait passé un ruban noir autour du cou de mon Amour ; quand il voulait savoir l'heure, il me tirait gravement de ma niche, comme il eût fait d'une montre. Ses camarades ne se faisaient pas faute de rire à chaque exhibition ; grâce à moi, il passait parmi eux pour un garçon d'esprit, un loustic, et il était très-fier de l'effet qu'il produisait. Cette faiblesse lui coûta la vie et voici comment :

En allant de Rambervillers à Épinal, le général Degenfeld, qui commandait l'avant-garde, entendit parler de la petite pendule de mon maître et voulut la voir. Karl la lui montre comme il la montrait à ses camarades. Toute la compagnie part aussitôt d'un éclat de rire ; le général lui-même suit l'exemple de ses soldats.

— Vous m'avez l'air d'un dégourdi, dit-il à mon maître. Je vous fournirai l'occasion de passer officier.

L'occasion ne fut pas longue à venir. L'avant-garde, sans cesse harcelée par les francs-tireurs français, n'avançait que lentement et avec des précautions infinies. La nuit, elle se gardait par un triple cordon de sentinelles et en faisant circuler de fortes patrouilles.

Sur la recommandation du général, Karl fut envoyé avec une vingtaine d'hommes faire une reconnaissance à une demi-lieue sur la grande route. Mon maître n'avait pas négligé de prendre toutes les précautions d'usage en pareil cas, parmi les Prussiens. Il emmenait avec lui un chien dressé qu'il tenait en laisse lui-même.

Hors du rayon des sentinelles, il donna de la corde au chien, le laissant prendre une vingtaine de mètres d'avance. Il suivit ensuite, avec ses hommes, au milieu d'une obscurité complète, bien sûr que la bête aboierait ou grognerait aussitôt qu'elle flairerait un ennemi devant elle.

Au détour d'un petit pont, le chien se met à grogner en effet. Il tirait sur la corde comme s'il eût voulu s'élancer sur quelqu'un.

— Immobiles ! dit Karl à ses soldats, en ramenant la corde de l'animal.

Il s'était jeté l'oreille contre terre et il écoutait. Un bruit de pas arrivait jusqu'à lui. Il ne bougeait pas plus qu'un mort, s'efforçant de deviner si ceux qui arrivaient vers le pont étaient nombreux.

— Reculez en arrière du pont, fit-il à voix basse, en se relevant tout à coup. Ils ne sont pas plus de six ; laissons-les venir.

C'était une escouade de francs-tireurs qui s'avançait. A dix pas du pont, elle s'était arrêtée, comme si elle eût deviné qu'on lui tendait un piége. Quelques minutes de silence des deux côtés ; puis une flamme brille à l'entrée du pont, et les francs-tireurs font une décharge sur la troupe allemande.

Karl, frappé en pleine poitrine par une balle, était tombé sur la route avec deux de ses soldats. Je sentais son sang couler autour de moi ; je l'entendis rendre le dernier soupir lorsque ses hommes le relevaient pour l'emporter.

IV

L'ESPRIT PRATIQUE DES PRUSSIENS. LE LIEUTENANT ZIMMERMANN. LES DROITS DU VAINQUEUR.

Les soldats prussiens avaient mis pour revenir bien moins de temps que pour aller. Ils ne s'arrêtèrent qu'au troisième cordon de leurs sentinelles. L'officier qui avait écouté leur rapport leur dit, avec la voix nasillarde des Berlinois :

— Portez les deux blessés à l'ambulance ; les trois morts seront enterrés ici.

Je craignais d'être mise sous terre avec Karl; j'avais oublié les habitudes d'ordre et d'économie des Prussiens.

— Déshabillez ces morts, dit l'officier, quand la grande fosse fut prête.

Deux hommes saisirent Karl. L'un lui enlevait son casque à pique, l'autre ses bottes.

Le tour du ceinturon, de la tunique trouée par la balle arrivait bientôt.

— Herr lieutenant, faut-il laisser *ceci* au cou du herr sous-officier? — demanda l'homme qui m'avait rencontrée sous sa main.

— Qu'est-ce que c'est? — réplique l'officier se baissant pour me voir. Ah! ah! la petite pendule qui a tant fait rire notre général. Donnez : le herr sous-officier n'a plus besoin de savoir l'heure.

Le lieutenant m'avait prise et me balançait au bout du cordon. Aux reflets de la lanterne sur le sol, en face de lui, je regardais mon troisième maître avec inquiétude.

Il était d'une taille très-élevée et me semblait vieux. Il avait le nez gros, recourbé, rouge dans le bout; les lunettes qui le chevauchaient cachaient un vilain regard. Avec les mèches de cheveux couleur de filasse qui s'échappaient de son casque, et ses deux longues jambes bottées, il me faisait l'effet, courbé comme il se tenait, d'un vautour affamé.

Karl avait été descendu le premier dans la fosse, n'ayant que sa chemise et son pantalon. Le second mort placé à côté de lui avait le pantalon en moins. Tandis que les hommes tenaient le troisième, l'un d'eux dit :

— Herr lieutenant, celui-ci est encore tout chaud : il n'est peut-être pas mort.

L'officier examina la blessure au-dessus du sein gauche.

— Couchez-le, fit-il, sans la moindre émotion. — Avec un trou pareil dans le corps, on est mieux sous terre que dessus.

La besogne était finie. Le lieutenant s'achemina vers une maison où achevait de s'éteindre un maigre feu devant lequel dormaient un soldat et un chien.

— A boire, Ludwig! cria-t-il au soldat en le poussant de la botte. — Ma gourde est vide, et la fraîcheur de la nuit m'a enroué.

Le soldat s'était retrouvé sur pied, la main droite au salut, comme s'il eût été mu par un ressort. Il prit une bouteille d'eau-de-vie dans un petit caisson et emplit la gourde de l'officier.

— Aie soin de cette pendule, Ludwig; j'y tiens, — dit celui-ci après une forte gorgée de liquide.

Il me remit à son ordonnance et disparut de la masure.

Le soldat, qui avait sommeil sans doute, m'enferma, sans me regarder, dans le caisson à la bouteille d'eau-de-vie.

Le jour suivant, à Épinal, je passais du caisson dans une valise où j'étais en meilleure compagnie. La valise ne renfermait que des objets de prix. Elle était divisée, au fond, en quatre compartiments hermétiquement fermés par une seule tablette à ressort coupant l'intérieur de ma prison en deux. Le soldat avait soulevé la tablette avant de me glisser entre les soiries qu'elle supportait et j'avais pu voir ce qu'elle cachait.

J'étais devenue la propriété d'un officier *emballeur*.

Il y avait dans un compartiment des écrins, dans l'autre des chaînes en or, dans le troisième des bracelets, des broches, des flacons à essence, dans le quatrième beaucoup de montres en or, en argent. Tout cela provenait probablement de la boutique pillée de quelque bijoutier.

Ludwig s'était extasié longtemps devant toutes ces richesses. Il se disait sans doute à part lui que la guerre avait du bon pour ceux à qui il était permis d'en profiter. A la longue, il rabattit la tablette et referma la valise, après s'être assuré que j'étais bien calée.

Combien de temps suis-je restée ainsi entre deux coupons de soie sans revoir la lumière? Je ne saurais dire ; j'étais arrêtée depuis Épinal. La clef empruntée par Karl à l'horloger de Rambervillers était attachée au ruban noir; mais ni Ludwig, ni le lieutenant ne venaient me remonter.

Dans l'obscurité où je vivais, à moitié, je percevais souvent des bruits, je ressentais fréquemment des secousses qui m'indiquaient que je faisais du chemin malgré moi; mais quand, où, finirait ma course? « Patience, me disais-je, tu as entendu la fusillade ce matin ; tu n'es pas en route vers la Prusse. »

Le moment arriva où je fus retirée de la valise et replacée sur une cheminée. J'avais voyagé loin ; j'étais à Dijon.

Mon maître s'était logé dans un appartement très-beau, quoiqu'il n'y eût pas de pendules : et j'avais les honneurs du salon.

Il aurait fallu voir comme il était craint dans la maison, comme il laissait traîner son grand sabre dans l'escalier, et avec quel air d'autorité il se faisait servir ce qu'il y avait de meilleur.

Ludwig ne le quittait jamais la nuit. C'était lui qui m'avait placée sur la cheminée, dans un coin de laquelle il tenait son fusil. Le lieutenant m'avait remontée, le soir à huit heures ; quoique engourdie, un peu rouillée, je parcourais assez régulièrement mon tour de cadran, sans avoir peur des deux révolvers sur la table au milieu du salon.

A mi-chemin de mes premières vingt-quatre heures, je n'avais encore vu personne de la maison. A neuf heures du matin, une servante assez laide et toute ébouriffée entrait, apportant du café à l'officier.

— Remportez votre café, lui cria mon maître avec colère, et dites à votre maîtresse que je veux lui parler.

La servante redescendit en tremblant. Bientôt une jeune femme, vêtue de noir et très-belle malgré sa pâleur et sa tristesse, se montrait sur le seuil de l'appartement.

— Entrez, entrez, madame, dit l'officier, je n'ai jamais mangé personne. Je tenais à vous prévenir que je n'aime pas être servi par des laiderons, par des maritornes. Je suis votre hôte, ayez pour moi les égards qui me sont dus.

— Il faudra donc que je vous serve moi-même, monsieur ? répondit timidement la maîtresse de la maison. Je n'ai pas d'autre domestique à mon service.

— Je suis si peu exigeant, madame ! Pourquoi ne m'accorderiez-vous pas cette faveur? *Du café le matin; une bouteille de bourgogne avec des biscuits dans l'après-midi ; le soir une bouteille de champagne.* Est-ce trop vous demander ?

La jeune femme s'inclinait, les larmes aux yeux.

— C'est convenu, n'est-ce pas, madame ? ajouta-t-il sèchement.

Dès qu'elle fut sortie, le lieutenant dit à Ludwig :

— La leçon lui servira. Je sais bien que son mari a été tué avant-hier à la prise de la ville ; mais s'il nous fallait nous arrêter à de semblables détails, il n'y aurait plus moyen de vivre.

Et il tenait à vivre, à bien vivre surtout, le lieutenant Zimmerman. Quand il rentrait le soir, il était toujours d'un beau rouge vif, oscillant sur ses jambes comme un marin à terre, après une longue traversée.

Cela ne l'empêchait pas de décoiffer sa bouteille de champagne ; il est vrai qu'il mettait du temps à trouver le goulot ; mais il était patient et il finissait toujours par vider la bouteille en entier. Très-souvent Ludwig était obligé de le porter sur le lit.

— Tu m'as encore couché tout habillé cette nuit, lui disait-il le lendemain. Ces gredins de Français ! Ils cherchent à nous faire du mal de toutes les manières ; c'est égal, leur vin a beau me griser, j'en boirai tout de même.

Un soir de novembre où le lieutenant avait voulu tenir tête à la France représentée sur sa table par six flacons, il me céda, au prix d'un double frédéric, à son capitaine qui lui tenait compagnie.

Lorsque son hôte fut complétement gris, le capitaine me fit faire connaissance avec la poche de sa longue capote.

V

LE CAPITAINE FLEUR-DES-POIS. PASSE-TEMPS DES OFFICIERS PRUSSIENS.

Le capitaine Forster était le vrai type de l'officier prussien. J'en ai vu beaucoup chez lui pendant les quelques jours qu'il m'a gardée; aucun ne lui arrivait à la cheville.

Brutal envers ses inférieurs, arrogant avec ses égaux, obséquieux à l'égard de ses supérieurs, il avait cependant la réputation d'un parfait soldat. Je crois pouvoir dire qu'il devait cette réputation à sa haine féroce pour la France et les Français.

Je l'ai entendu raconter à ses camarades des traits de cruauté à arrêter mes aiguilles dans leur marche. Je n'en citerai que deux.

Lancé en éclaireur dans un village, quelques jours après le départ de Strasbourg du corps Werder, le capitaine y pénètre sans peine; les habitants ne se défendent pas. Il réquisitionne tout ce qu'il peut et s'apprête à partir. Un paysan complétement dévalisé frappe un soldat de sa fourche et se sauve dans le bois. Le capitaine, pour châtier ce coupable, se fait amener les deux enfants laissés par ce dernier dans sa ferme. Il ordonne de leur couper la main droite, *pour effrayer la population.*

Le second trait avait eu lieu à Raon-l'Étape.

Dans la rue, le capitaine est coudoyé par un ouvrier. Il se retourne et frappe ce *manant.* L'ouvrier riposte par un coup de poing en pleine figure, qui étend l'agresseur sur le sol. Le capitaine tire son sabre, le passe à travers le corps de son adversaire et va porter *plainte* au général en chef. Pendant qu'il s'éloigne, le blessé est transporté dans une maison. Bientôt une escouade prussienne arrive, demandant qu'on lui livre l'ouvrier pour le pendre. « A quoi bon ? dit le médecin, il va mourir dans une heure. » Sur cette assurance, le chef de l'escouade n'insiste pas, mais il reste à la porte de la maison jusqu'à ce qu'on vienne lui dire que le blessé a rendu l'âme, et qu'il ait pu s'assurer du fait.

Pour être juste, j'avouerai que les camarades du capitaine n'applaudissaient guère ses récits de ce genre. Peu lui importait du reste. Quand il ne parlait plus, il buvait ; quand il ne buvait pas, il jouait. C'était un reître de la plus belle eau, avec tous les vices de la profession.

Pour lui, il n'y avait rien de beau et de bon comme d'être capitaine prussien. Il cotait ainsi le mérite et les qualités des autres officiers européens : A l'officier russe, disait-il, j'offrirais la main, à l'autrichien un cigare, à l'anglais un salut, à l'italien et à l'espagnol rien du tout, et au français ma botte à cirer.

Le soir, il y avait toujours réunion dans l'appartement qu'il occupait à l'hôtel. Je n'avais jamais tant senti l'odeur de la pipe et du cigare. De mon étagère, dans une encoignure du salon rouge, j'assistais aux amusements de tous ces officiers. Ils se reposaient de leurs fatigues, disaient-ils. Singulière manière de se reposer que la leur ! Ils jouaient entre eux comme des enragés.

Ils commençaient par jouer au whist, au piquet, à l'écarté, à des tables différentes ; puis ils rapprochaient toutes les tables en une seule, et ils faisaient la partie tous ensemble. Si j'ai bonne mémoire, cela s'appelait parmi eux tantôt le pharaon, tantôt le lansquenet. Au jour, ils n'avaient pas toujours fini.

Ils se disaient souvent d'étranges choses dans la chaleur du jeu. Plus d'une fois, des paroles aigres ils auraient passé aux coups, si le capitaine Forster n'était intervenu d'un ton plein d'autorité. Il avait une manière à lui de mettre fin à la querelle, qui ne manquait jamais son effet. Il se levait, et avec un grand sérieux il disait :

— Messieurs, vous êtes ici chez moi. Trichons-nous, volons-nous, mais ne nous provoquons pas ; *c'est la France qui paye.*

Cette allocution était suivie d'un éclat de rire, et la partie continuait de plus belle. Le jeu sur parole était défendu, et les joueurs ne se prêtaient pas entre eux ; ceux qui n'avaient plus d'argent pouvaient risquer leur montre, leurs bijoux, leur sabre, leur révolver. Pour cela, ils n'avaient qu'à estimer ces objets à une valeur approximative de la valeur réelle ; l'estimation était acceptée. Le capitaine avait un corbillon pour les montres, les bijoux ; son ordonnance recevait les sabres, les révolvers, qu'il restituait au moment du départ en échange d'une carte.

Une nuit, mon maître fut si heureux qu'il dévalisa tous ses camarades de leur argent et de leurs autres enjeux. Son corbillon était trop petit pour les bijoux.

Le lendemain, il donnait une grande soirée pour célébrer cette victoire. Il avait trop bu quand le jeu commença ; il fut aussi malheureux qu'il avait été heureux la veille. N'ayant plus rien à jouer vers le matin, il se contenta de regarder.

— Eh bien ! vous ne jouez plus, Forster? lui dit un de ses invités, un major tout jeune et pas trop mal, ma foi, sous son costume.

— A sec; plus un kreutzer dans ma bourse.

— Je vous joue la petite pendule que voilà (me montrant du doigt) contre cinq frédérics.

— Ça va, répondit le capitaine, en vrai joueur.

Le coup fut donné et gagné par le major. La déveine du capitaine me faisait changer de maître une fois encore. J'en étais bien aise, je dois l'avouer. Toujours entendre les mêmes rodomontades et ne pouvoir rien dire, cela finit par agacer très-vite, surtout quand on est déjà aigrie par le malheur.

VI

LE MAJOR ADONIS ET SES FICELLES. LA PENDULE PART POUR LA PRUSSE.

Le perdant m'avait apportée sur la table du jeu.

— Un vrai bijou, cette petite machine — dit le major — elle ferait bonne figure au magasin de Berlin, mais elle n'y paraîtra pas. Il faut que je l'envoie à Mayence, à mon frère le colonel. Il me tourmente pour avoir un souvenir de ce genre. Je crois bien que je vous ai volé, Forster ! cette pendule vaut plus de cinq frédérics.

— Le colonel me saura gré de la différence, répliqua le capitaine. Je regrette que sa blessure l'ait éloigné de nous. C'est un vaillant officier ; il va mieux, j'espère, depuis son retour en Prusse?

— Il va mieux; merci pour lui, Forster.

Le mot : Mayence m'avait à peine inquiétée. En ma qualité de pendule française, je ne suis pas forte en géographie, et je ne savais trop où se trouvait cette ville. Le capitaine me le révélait en parlant de retour en Prusse.

Ainsi, j'étais destinée à être envoyée en Allemagne, comme tant d'autres captifs ! A cette pensée, un froid mortel m'envahit et mes rouages cessèrent de fonctionner.

Depuis lors, j'ai marché encore quelquefois, mais très-mal ; je ne faisais que battre la berloque.

Le major, à qui je fus envoyée le lendemain, ne me garda que très-peu de temps. Pour ne pas oublier qu'il devait m'expédier à Mayence, à la première occasion, il m'avait placée en évidence sur une table de son salon. J'étais d'autant plus désolée à l'idée de recevoir de lui le coup de la mort, que ses manières ressemblaient fort peu à celles des Prussiens que j'avais vus jusqu'alors.

Dans la maison qu'il habitait, je ne dirai pas qu'on l'aimait ; mais je suis sûre qu'on ne le détestait pas trop.

D'abord il avait un nom qui sentait son Français ; je ne l'ai entendu qu'une fois, je ne m'en souviens plus. Et puis il était si poli, si affable avec tout le monde ! Ce n'est pas lui qui aurait jamais songé « à prendre des mouches avec du vinaigre, » ainsi que le disait son ordonnance. Il avait des égards même pour les domestiques. Peut-être tout cela cachait-il des intentions, des projets particuliers ; n'ayant pas eu le temps de vérifier, je me borne à dire ce que j'ai vu.

Loin d'exiger des égards, comme le lieutenant avec la veuve à la figure si triste, le major trouvait toujours qu'on était trop bon pour lui. En entrant ou en sortant, il n'effarouchait ni les enfants, ni les dames de la maison. Pour les premiers, il avait des caresses; pour les secondes, des remercîments, des sourires, des compliments. Il attirait volontiers dans son appartement le petit garçon, la petite fille, et jouait avec eux.

Si la mère, qui n'avait pas plus de trente ans, venait chercher les enfants, il la retenait elle aussi, la complimentait sur sa toilette, qu'il déclarait charmante, et se mettait à parler de la France, de ses regrets qu'elle fût en guerre avec la Prusse, de ses sympathies pour la nation française, qu'il disait bien supérieure aux autres nations sous tous les rapports. Quand la mère se retirait avec les deux enfants, il l'accompagnait jusque sur le palier, lui baisant la main comme les chevaliers d'autrefois la baisaient à leur dame.

Si c'était la tante des enfants, une ravissante jeune fille de dix-huit ans, qui venait les réclamer, le major était encore plus aimable, plus prévenant qu'avec la mère. Il avouait alors qu'il subissait tout le premier les inconvénients de l'occupation. Quoiqu'il fût Français de cœur, de goût, d'habitudes, il portait l'odieux costume allemand; il devait être traité en envahisseur même par les personnes vers lesquelles il se sentait entraîné.

—Oh! la guerre, la guerre, ajoutait-il avec un soupir, comme je la déteste, depuis que je suis ici surtout! Supposez que nous nous fussions rencontrés à Bade, il y a un an: je vous aurais trouvée belle, comme vous l'êtes maintenant, je vous l'aurais dit des yeux, et, un peu plus tard, rien ne s'opposant à une présentation, j'aurais pu vous le dire des lèvres, vous faire ma cour, m'efforcer de vous inspirer un peu d'affection; tandis qu'aujourd'hui tout cela m'est interdit. C'est bien triste, pour moi, bien triste, n'est-ce pas?

La jeune fille refusait-elle de s'asseoir un instant chez lui, le major la suppliait de sa voix la plus douce.

Dès qu'elle faisait mine de vouloir s'en aller, il s'efforçait de la retenir en lui parlant de la petite nièce qu'il embrassait, du petit neveu qu'il prenait à cheval sur son genou.

Si ce moyen ne réussissait pas, il se levait et faisait à sa jolie hôtesse une espèce de moue qui semblait dire : Ah! vous êtes bien cruelle! je serais si heureux de vous voir, de vous contempler encore!

Malgré toute son amabilité pour les dames de la maison, le major eut la barbarie de me faire mettre dans une caisse destinée à son frère le colonel.

Son ordonnance m'avait entourée de linge, de coton, et logée dans une boîte carrée en bois blanc, côte à côte, pour ainsi dire, avec des pots de moutarde grands et petits.

Le marteau retentit sur les têtes de clou clouant la caisse; c'était mon glas funèbre. Une dernière pensée à ma chère maîtresse de Rambervillers; adieu ma belle France! Le soldat avait chargé la caisse sur ses épaules; j'allais partir, je partais pour la Prusse.

VII

LES INFORTUNES DE LA ROUTE. LE COLONEL FRANK ET LE GÉNÉRAL MORDBRENNER. LA COLLECTION D'HORLOGERIE SUR LES BORDS DU RHIN.

Quelle différence entre le voyage que j'avais fait dans la valise du lieutenant et celui que je faisais maintenant! Sous les deux coupons de soie, il me restait l'espoir de la délivrance; parmi les pots de moutarde, je n'avais plus que la sombre perspective d'une captivité sans fin.

Pendant le trajet, j'entendais à chaque secousse mes rouages bruire mélancoliquement ou la pointe de mes aiguilles battre mon cadran; parfois aussi une secousse plus forte imprimée au wagon me faisait sursauter. La sarabande que dansaient alors les pots de moutarde autour de ma boîte me tirait de mes pénibles réflexions.

A un moment donné, je ne sais si c'était de jour ou de nuit, cette sarabande devint si effrénée qu'elle fut suivie de bris de verre, et je ressentis tout à coup une vive douleur dans la tête de mon Amour. Il me semblait que cette tête avait été broyée par un choc quelconque.

Lorsque j'eus repris mes sens, je constatai que je ne m'étais pas trompée. Ma boîte avait été brisée, un morceau de planche avait guillotiné mon Amour.

Pendant que je m'apitoyais sur cette nouvelle cruauté du sort, une odeur inconnue se répandait partout; en même temps quelque chose de visqueux coulait, s'enroulait, suintait autour de moi et m'oppressait étrangement. Peu à peu je me sentis défaillir; j'étouffais sous cette enveloppe gluante, j'avais besoin d'air. L'air me faisant défaut de plus en plus, je perdis connaissance.

Je repris l'usage de mes sens sur les genoux d'une servante, qui me lavait, me frottait de son poing vigoureux. J'étais au milieu d'une vaste cuisine, resplendissante de cuivres et inondée de soleil. De temps en temps, la servante cessait de me frotter pour rire d'un rire sonore et frais. Après m'avoir essuyée tant bien que mal, elle sortit de sa cuisine et m'emporta dans une grande salle à côté.

Dans cette salle, étaient attablés deux hommes à figure martiale. L'un, d'une quarantaine d'années, à moustache grise en brosse, à cheveux blancs coupés ras, avait une cicatrice à la joue droite et une béquille contre son fauteuil; l'autre, beaucoup plus jeune, mais d'un aspect tout aussi guerrier, portait le bras gauche en écharpe.

— Ah! ah! dit ce dernier en voyant entrer la servante, voici la pendule à l'*estragon* que m'envoie mon frère. Elle s'est écornée en route. Avez-vous le morceau, Christine?

— Non, votre seigneurie, je ne l'ai pas trouvé dans

la caisse. J'ai cependant bien cherché. Il aura été broyé, et les débris se seront confondus avec le verre des pots.

— C'est possible. Figurez-vous, général, que cette petite pendule m'a été expédiée de Dijon par Rodolphe. Il avait mis des pots de moutarde dans la même caisse. Il y a eu un déraillement; la caisse a été brisée en partie, et la pendule m'est arrivée en pleine moutarde, telle que vous la voyez, c'est-à-dire hors d'état de servir ou à peu près.

— Et que dit votre frère? — demanda le général qui avait nom Mordbrenner (boute-feu).

— Il ne se plaint pas trop de la campagne. Jusqu'ici l'armée de Werder n'a pas eu grand'peine; elle ne s'est battue que contre des troupes inexpérimentées et le succès a été facile.

— Voilà pourquoi je répète que le 14e corps devrait être à Lyon. Qu'est-ce qu'il attend donc, Werder, pour écraser la poignée d'hommes de Garibaldi et renvoyer les casaques rouges en Italie? Il pourrait lui en cuire de temporiser ainsi. Cela nous a coûté gros de n'avoir pas su profiter immédiatement de la victoire de Wœrth.

— Il est de fait que si notre armée avait marché droit sur Paris ce jour-là, la guerre serait finie depuis longtemps. Mais le prince Frédéric a eu probablement ses raisons pour ne pas le faire.

— Ses raisons! s'écria le général. On a toujours des raisons quand on a manqué d'audace.

Ici, le général et le colonel se lancèrent dans une discussion militaire qui dura plus d'une heure. A la longue, elle se termina cependant.

— Frank, que ferez-vous de cette petite pendule écornée et détraquée? — demanda le général.

— Rien ; la voulez-vous pour votre collection ?

— Je l'accepte volontiers ; je n'en ai pas de ce modèle-là.

Le général me mit dans un vieux journal. Une demi-heure après, il me faisait entrer dans ce qu'on appelait sa collection.

Je n'ai plus changé de maître depuis cette époque ; mes pérégrinations ont cessé. Je suis dans un grand château, sur les bords du Rhin, et mes journées s'écoulent à regarder la nappe du grand fleuve du haut de l'étagère que j'occupe, dans la salle où on m'a placée.

Cette salle est un magasin d'horlogerie des plus complets. Tous les genres, tous les modèles de pendules y sont représentés par un ou deux échantillons. Les modèles à sujet des treizième, quatorzième, quinzième et seizième siècles occupent deux des quatre faces du local ; leur valeur varie de 100 à 3,000 francs et au-dessus.

Les pendules non à sujet en marbre, en bronze, en zinc, en onyx, en laque ou en marqueterie occupent une autre face.

La quatrième face est remplie par les pendules régulateurs, cartel, œil-de-bœuf, avec une étagère particulière pour les petites pendules de voyage et les réveille-matin.

Il va sans dire que la plupart des sœurs qui m'entourent ont subi, elles aussi, de fortes avaries. Du matin au soir, du soir au matin, c'est une sonnerie perpétuelle ; malgré les efforts du général, qui reste souvent des heures parmi nous, à nous arranger, nous raccommoder, nous restaurer, je n'ai pas encore entendu deux pendules sonner exactement la même heure en même temps.

Il vient souvent des visiteurs au château. Le général ne manque jamais de leur faire voir sa collection ; il les promène d'une étagère à l'autre, leur faisant l'historique de la conquête de chaque sujet, leur montrant l'étiquette sur laquelle un prix approximatif a été écrit d'après l'estimation assez juste d'un prisonnier français, amené un jour par le général.

Cette étiquette, depuis qu'elle existe, a fait beaucoup de tort aux pendules vulgaires. Avant, les visiteurs prodiguaient de préférence leurs « sehr schön » aux sujets les plus volumineux, ceux qui ornent d'habitude nos hôtels garnis ; maintenant leur admiration est proportionnée aux chiffres inscrits sur l'étiquette.

Le général est très-sensible aux compliments que lui vaut sa collection. Il a remis lui-même une tête en bois peint à mon amour, un jour où un de ses collègues lui avait dit en partant :

— Il y a certainement beaucoup plus de pendules au grand magasin de Berlin [1], mais en dehors de cela, votre collection n'a rien à envier à celle de notre auguste souveraine.

C'est ce jour-là que j'ai appris la défaite définitive de la France, et à quel prix mon pays avait acheté la paix. Depuis lors, tous les jours se sont ressemblés pour moi ; sans cesse le même fleuve, le même paysage au dehors, et au dedans le même carillon sempiternel de mes sœurs qui marchent. Je ne suis sortie de mon apathie que pour écrire ces mémoires.

1. En évaluant le nombre des pendules emportées en Allemagne d'après le nombre des croix de fer distribuées à l'armée prussienne, on arrive à 80,000, à raison de deux pendules par croix.

Maintenant que j'ai fini mon triste récit, je vais retomber dans la monotonie régulière de ma vie de captive; les couches de poussière s'épaissiront de nouveau sur moi; et je mourrai prisonnière, *à moins que quelque jour*, le fiancé de Juliette, le bel officier de chasseurs, ne passe par ici avec l'armée française et ne me délivre.

FIN

CLICHY. — Impr. Paul Dupont et Cie, rue du Bac-d'Asnières. 12.

BIBLIOTHEQUE NATIONALE DE FRANCE
3 7531 00292440 6